HINWEISE

En papillote – im Päckchen – werden die Zutaten dank geschlossener Papierhülle sanft und kalorienbewusst gedämpft, ihre wertvollen Nährstoffe bleiben erhalten.

TIPPS ZUM GELUNGENEN GAREN IM PÄCKCHEN:

· Besser kleine Einzelportionen in Backpapier wickeln.
· Den Ofen vorheizen.
· Päckchen mit Küchenbindfaden gut verschließen oder die Kanten scharf zusammenfalten (kniffen).
· Für diese Zubereitungsart eignet sich am besten Backpapier, auch Pergamentpapier ist möglich. Es gibt aber auch Silikonformen mit Deckeln im Handel.
· Die Zutaten klein schneiden oder würfeln, damit sie schneller garen.
· Die Garzeit richtet sich nach Art und Größe der Zutaten. Sie ist recht kurz und beträgt meist weniger als 20 Minuten. Fisch ist meist schneller zubereitet als Fleisch.
· Nicht zu viel Flüssigkeit zufügen. Es reicht oft nur ein Faden Olivenöl, ein Esslöffel Weißwein oder Sahne oder einige Spritzer Zitronensaft.

Das Garen im eigenen Sud konserviert den Geschmack und die Aromen der Zutaten. Fleisch und Fisch sollten vorher mindestens 15 Minuten im Kühlschrank marinieren.

Bereiten Sie Marinaden aus Sojasauce und Olivenöl zu, aus in Butter angedünsteten Schalotten oder fügen Sie einfach etwas Saft und Schale von unbehandelten Bio-Zitrusfrüchten hinzu.
Gewürze und frische Kräuter setzen Geschmacksakzente, meist ist jedoch weniger mehr.

Sandra Mahut

GENUSSPÄCKCHEN

pikant & süß en papillote

FOTOS: DAVID JAPY

INHALT

HINWEISE & ABKÜRZUNGEN

Die Temperaturangaben dieses Buches sind in °C (Grad Celsius) angegeben. Bei der Zubereitung im Backofen ist hier die Temperatur eines Elektroherds mit normaler Ober- und Unterhitze gemeint. Bei Umluft kann sich die Garzeit verkürzen, für den Gasherd sind die Angaben des Geräteherstellers zu beachten. Die in den Rezepten angegebenen Zubereitungszeiten sind Circaangaben. Bis Sie die Technik geübt haben, kann die Zubereitung auch etwas länger dauern.

EL = Esslöffel
TL = Teelöffel
ml = Milliliter (¹⁄₁₀₀₀ l)
Pck. = Päckchen
g = Gramm
kg = Kilogramm
cm = Zentimeter
mm = Millimeter (¹⁄₁₀ cm)

gewürzmischungen

GEWÜRZMISCHUNGEN FÜR FLEISCH

Helles Fleisch, z. B. Kaninchen, Pute, Huhn oder Kalb, ist sehr leicht im Päckchen zuzubereiten. Schweinefleisch und Ente sollten vorher etwas länger mariniert werden. Rotes Fleisch eignet sich nicht zum Garen in Backpapier. Um die Zubereitung und das Garen zu vereinfachen, sollte das Fleisch in dünne Scheiben oder in kleine Würfel geschnitten werden.

GEWÜRZMISCHUNG 1
Chilipulver
Knoblauchpulver*
Olivenöl
Paprikapulver
Thymian

GEWÜRZMISCHUNG 2
Honig
Kreuzkümmel / Cumin
Olivenöl
Rosmarin
Sesam

GEWÜRZMISCHUNG 3
Currypulver
Kerbel
Räucherspeck
Sahne

GEWÜRZMISCHUNG 4
Cidre oder Cognac / Weinbrand
grobes Meersalz
Pistazienkerne
rosa Pfefferbeeren
Schalotten

* Knoblauchpulver oder frischer Knoblauch – das ist Geschmackssache. Das Pulver eignet sich wegen seiner Konsistenz besonders gut für eine Gewürzmischung, da es feiner ist als selbst gehackter oder frisch gepresster Knoblauch und sich dadurch leichter verteilen oder einmassieren lässt.

 gewürzmischungen

GEWÜRZMISCHUNGEN FÜR FISCH

Fisch eignet sich ausgezeichnet zum Dämpfen in Backpapier. Er behält dabei seine zarte Konsistenz und trocknet nicht aus. Diese Garmethode ist nicht nur besonders einfach und schnell, sondern vor allem auch geruchsneutral. Und dem Einfallsreichtum sind keine Grenzen gesetzt!

GEWÜRZMISCHUNG 1
Anissamen
frisch gepresster Orangensaft
Olivenöl

GEWÜRZMISCHUNG 2
frisch gepresster Limettensaft
Ingwer
Minze
Sahne

GEWÜRZMISCHUNG 3
Kaffir-Limettenblätter
Kokosmilch
frischer Koriander
Zitronengras

GEWÜRZMISCHUNG 4
Knoblauchpulver*
Olivenöl
Pfeffermischung 5 Baies**
Salbei
Weißwein
Zitrone

* siehe Hinweis auf Seite 4
** siehe Erklärung auf Seite 30

GEWÜRZMISCHUNGEN FÜR DESSERTS

Jedes Obst eignet für diese Desserts. Gedämpftes Obst aus dem Päckchen ist raffiniert, gesund und bietet gleichzeitig die Möglichkeit, Kinder dazu zu animieren, mal eine neue Obstsorte zu probieren. Oder bereiten Sie die kleinen Päckchen doch einfach gemeinsam mit Ihren Kindern zu!

GEWÜRZMISCHUNG 1
Ahornsirup
gemahlener Zimt
zerbröselte Spekulatius*

GEWÜRZMISCHUNG 2
Kokosraspel
Schokotropfen

GEWÜRZMISCHUNG 3
frisch gepresster Obstsaft
Honig
Mandelblättchen
Sternanis

GEWÜRZMISCHUNG 4
Naturjoghurt
Rosen- oder Orangenblütenwasser
Vanillezucker

* Alternativ können hier auch übrig gebliebene, hart gewordene Lebkuchenreste (ohne Schokolade) verwendet werden.

 fisch

CREMIGER KABELJAU MIT MINZE

4 EL **Olivenöl**

8 Stiele **Minze**

1 **unbehandelte Bio-Limette**

300 g **Crème fraîche**

Paprikapulver

Salz und **Pfeffer**

4 **Kabeljaufilets** (à 150–200 g)

Backpapier

1. Den Backofen auf 210 °C vorheizen.

2. Für die Päckchen aus Backpapier vier Rechtecke à 30 × 20 cm ausschneiden und mit etwas Olivenöl bepinseln.

3. Minze waschen, trocken schleudern und die Blätter fein hacken. Die Limette heiß waschen, abtrocknen und die Schale fein abreiben. Etwas Minze und Limettenschale beiseitelegen, den Rest mit Crème fraîche und einer Prise Paprikapulver mischen, mit Salz und Pfeffer abschmecken.

4. Fischfilets waschen und trocken tupfen. Jeweils ein Kabeljaufilet auf ein Backpapier legen, die Crememischung darauf verteilen, mit einem Faden Olivenöl beträufeln und mit Salz, Pfeffer, beiseitegelegter Limettenschale und Minze bestreuen.

5. Die Fischpäckchen sorgfältig verschließen und je nach Dicke etwa 15 Minuten im heißen Ofen backen.

6. Kabeljaupäckchen mit neuen Kartoffeln oder Pellkartoffeln, einer Limettenspalte und einem gemischten Blattsalat servieren.

 fisch

GOLDBRASSE
MIT ORANGE UND FENCHEL

1 **Fenchel**

1 **unbehandelte Bio-Orange**

2 **Goldbrassen** (Doraden;
à 500 g, küchenfertig)

Olivenöl

1 TL **Fenchel-** oder **Anissamen**

½ **Bund Dill**

Salz und **Pfeffer**

Gomasio*, nach Geschmack

Backpapier

1. Den Backofen auf 210 °C vorheizen.

2. Fenchel waschen, putzen und in feine Scheiben schneiden. Die Orange heiß waschen und abtrocknen. Die Schale dick abschneiden und den Saft auspressen. Fische waschen und trocken tupfen.

3. Für die Päckchen vier große Rechtecke aus Backpapier zuschneiden und jeweils zwei übereinanderlegen. Das jeweils obere Papier mit Olivenöl bepinseln.

4. Fenchel auf den Backpapieren verteilen. Goldbrassen mit einigen Dillästchen füllen und auf das Fenchelbett legen. Orangensaft über die Fische träufeln. Fenchel- oder Anissamen, restlichen fein gehackten Dill und die Orangenschale darüberstreuen. Salzen, pfeffern und einen Faden Olivenöl darüberträufeln.

5. Fische jeweils gut in das Backpapier einwickeln, die beiden Päckchen fest und dicht verschließen und auf einem Backblech etwa 15–20 Minuten im Ofen garen.

....

* Gomasio ist eine japanische Gewürzmischung aus geröstetem Sesam und Meersalz. Sie ist in Bioläden und asiatischen Lebensmittelgeschäften erhältlich.

 fisch

SEELACHS AUF SPINATBETT
MIT FRÜHLINGSZWIEBELN

4 EL **Olivenöl**

600 g **Blattspinat**

4 **Seelachsfilets** (à 150–180 g)

2 **Schalotten**

4 **Frühlingszwiebeln** oder **Schnittlauch**

Fleur de Sel

Pfeffer, frisch gemahlen

Kardamom, frisch gemahlen

Backpapier

1. Den Backofen auf 200 °C vorheizen.

2. Für die Päckchen acht Rechtecke aus Backpapier ausschneiden und jeweils zwei übereinanderlegen. Die oberen Blätter mit Olivenöl bepinseln.

3. Den Spinat putzen, waschen, abtropfen lassen, fein hacken und auf den vier Backpapieren verteilen. Fischfilets waschen und trocken tupfen. Schalotten schälen, halbieren und in dünne Scheiben schneiden. Frühlings-zwiebeln waschen, putzen und in dünne Ringe schneiden.

4. Schalotten sowie Fisch auf den Spinat legen und einen Faden Olivenöl daraufträufeln, Frühlingszwiebeln darüberstreuen. Mit Fleur de Sel, Pfeffer und Kardamom würzen.

5. Die Päckchen sorgfältig und dicht verschließen und auf ein Backblech oder in eine Gratinform legen. Etwa 12–15 Minuten im heißen Ofen garen, bis der Spinat zusammengefallen ist.

 fisch

THAILÄNDISCHE FISCHPÄCKCHEN

300 g **weißes Fischfilet** (z. B. Dorsch, Heilbutt, Kabeljau, Seelachs, Seeteufel)

150 g **geschälte kleine Garnelen**

1 Stück **frischer Ingwer** (1 cm)

1 **Schalotte, ½ Knoblauchzehe**

2 Stängel **Zitronengras**

150 g **Krebsfleisch** (Dose)

½ Bund **Koriandergrün**

100 ml **Kokosmilch**

Salz und **Pfeffer**

2 **unbehandelte Bio-Limetten**

Paprikapulver oder **Piment d'Espelette***

2 **Bananenblätter**

4 **Holzstäbchen**

1 **Bambus-Dämpfer**

1. Fischfilet und Garnelen waschen und trocken tupfen. Ingwer, Schalotte und Knoblauch schälen. Zitronengras putzen und die äußeren Blätter entfernen. Alles klein schneiden und mit Krebsfleisch, Korianderblättchen und Kokosmilch in den Mixer geben und ein bis zwei Minuten mixen, bis eine glatte, nicht zu feste Masse entstanden ist.

2. Mit Salz, Pfeffer, Saft von einer Limette, Paprikapulver oder Piment d'Espelette würzen.

3. Die Bananenblätter waschen, abtrocknen und in vier Rechtecke à 30 × 20 cm schneiden. Je 2–3 EL Fischmasse auf ein Bananenblatt geben und glatt streichen. Die jeweils gegenüberliegenden Seiten des Blatts einschlagen und das Päckchen zubinden oder mit einem Holzstäbchen feststecken. Die Päckchen in einen Bambus-Dämpfer legen.

4. In einem großen Topf wenig Wasser zum Kochen bringen. Den Bambus-Dämpfer** hineinsetzen (das Wasser darf den Inhalt nicht berühren) und die Päckchen zehn bis zwölf Minuten garen.

5. Die thailändischen Fischpäckchen mit Limettenstücken servieren.

....

* Piment d'Espelette ist ein Pfeffer aus der roten Gewürzpaprika. Er wird frisch oder getrocknet verwendet und schmeckt milder als Chili.
** Dämpfkörbchen aus Bambus (Steam Baskets) gibt es in jedem Asialaden und in gut sortierten Haushaltsgeschäften. Alternativ lässt sich das Gericht auch im Dampfgarer, im Gemüse-dämpfeinsatz eines Kochtopfs oder in einem Dampfbackofen (nach Herstellerangabe) zubereiten.

 fisch

👨‍🍳 FÜR 4 PERSONEN 🥄 ZUBEREITUNGSZEIT 5 MINUTEN ⏱ GARZEIT 12–15 MINUTEN

LACHS EN PAPILLOTE

4 EL **Olivenöl**

1 Stange **Porree / Lauch**
(nur das Weiße)

1 Stängel **Zitronengras**

4 Stiele **frischer Koriander**

4 **Lachsfilets** (à 150 g)

Fleur de Sel (z. B. Sel de Guérande)

Pfeffer, frisch gemahlen

Backpapier

1. Den Backofen auf 210 °C vorheizen.

2. Für die Päckchen acht Rechtecke aus Backpapier ausschneiden und jeweils zwei übereinanderlegen. Die oberen Blätter mit Olivenöl bepinseln.

3. Porree putzen, waschen und in feine Ringe schneiden, einige beiseitelegen. Zitronengras putzen, äußere Blätter entfernen und das Zitronengras in hauchdünne Scheiben schneiden. Korianderblättchen abzupfen und hacken.

4. Lachsfilets waschen und abtrocknen. Porree auf die vier Backpapiere verteilen, den Lachs darauflegen und mit Zitronengras, Korianderblättchen und beiseitegestelltem Porree bestreuen. Salzen, pfeffern und mit je einem Faden Olivenöl beträufeln. Die Päckchen fest verschließen und auf einem Backblech im heißen Ofen 12–15 Minuten garen.

 fisch

LACHSFILETSTÜCKE
MIT TOMATEN-ESTRAGON-FÜLLUNG & KRÄUTERQUARK

ca. 1 kg **Lachsfilet** (am Stück, ohne Haut)

2 EL **Pesto rosso***

8–10 **getrocknete Tomaten**

1 Bund **Estragon**

Salz und **Pfeffer**

1–2 EL **Olivenöl**

4 EL **Quark,** 1 EL **Frischkäse**

1 EL **Crème fraîche**

1 TL **scharfer Senf**

Kreuzkümmel/Cumin

2 **Schalotten**

Kräuter, frisch gehackt
(z. B. Petersilie, Schnittlauch, Estragon)

Backpapier

1. Den Backofen auf 180 °C vorheizen.

2. Lachsfilet waschen und trocken tupfen. Das dünnere Ende des Filets abschneiden und anderweitig verwenden (z. B. für Tatar). Das Filet (ca. 900 g) längs halbieren und mit einer Pinzette verbliebene Gräten entfernen.

3. Beide Filethälften mit Pesto bestreichen. Auf die eine Hälfte die getrockneten Tomaten und die abgezupften Estragonblättchen verteilen. Die andere Filethälfte mit dem Pesto nach unten darauflegen. Darauf achten, dass die schönere Filetseite oben ist. Filethälften an mehreren Stellen mit Küchengarn zusammenbinden und verknoten. Ein großes Stück Backpapier mit Öl bepinseln, das Lachsfilet darauflegen und ca. 15 Minuten im Ofen garen.

4. Für den Kräuterquark Quark, Frischkäse, Crème fraîche und Senf mischen. Mit Salz, Pfeffer und einer Prise Kreuzkümmel abschmecken. Schalotten schälen und gemischte Kräuterblätter von den Stielen zupfen. Beides fein hacken und unter den Quark mischen.

---

* Pesto rosso wird auf Basis von getrockneten Tomaten und Olivenöl hergestellt und häufig mit Peperoncini, Parmesan und Salz gewürzt.

 fisch

ROTBARBENFILETS
MIT SARDELLEN UND KIRSCHTOMATEN

1 EL **Olivenöl**

10 **Sardellenfilets**

40 g **Butter**

3 Stiele **Basilikum** oder **glatte Petersilie**

Pfeffer, frisch gemahlen

Fleur de Sel

8 **Rotbarbenfilets mit Haut** (geschuppt, oder 4 filetierte, geschuppte Rotbarben)

4 kleine Rispen **Kirschtomaten**

Backpapier

1. Den Backofen auf 180 °C vorheizen.

2. Für die Päckchen aus Backpapier acht Rechtecke zurechtschneiden und je zwei Backpapiere übereinanderlegen. Das jeweils obere Papier mit Öl bepinseln.

3. Sardellen und Butter mithilfe einer Gabel zerdrücken. Klein gehackte Kräuter und Pfeffer untermischen, eventuell salzen.

4. Fischfilets waschen und trocken tupfen. Vier Filets mit der Sardellen-Butter-Masse einstreichen und je ein Filet darauflegen. Filets auf die vorbereiteten Backpapiere legen. Je eine Tomatenrispe dazugeben, mit einem Faden Olivenöl beträufeln und alles fest in das Backpapier einwickeln. Papillotes ca. 15–20 Minuten im Ofen garen.

5. Dazu passt Rucolasalat mit Basilikum und gehobeltem Parmesan.

 fisch

 FÜR 3–4 PERSONEN · **ZUBEREITUNGSZEIT 10 MINUTEN** · **GARZEIT 8 MINUTEN**

SEEZUNGENRÖLLCHEN
MIT ZITRONENGRAS

1 Stängel **Zitronengras**

200 ml **Sahne**

Olivenöl

12 **Seezungenfilets**

Saft von 1 **Limette**

Salz und **Pfeffer**

Backpapier

8 **Holzstäbchen/Zahnstocher**

1. Den Backofen auf 180 °C vorheizen.

2. Zitronengras längs durchschneiden. Die Sahne in einem kleinen Topf erhitzen und das Zitronengras fünf Minuten darin ziehen lassen. Zitronengras anschließend entfernen.

3. Für die Päckchen acht Rechtecke aus Backpapier zurechtschneiden und je zwei übereinanderlegen. Das jeweils obere Papier mit etwas Öl bepinseln.

4. Seezungenfilets waschen, trocken tupfen und mit Limettensaft beträufeln. Die Filets zu kleinen Schnecken aufrollen und mit Holzstäbchen fixieren. Je drei bis vier Seezungenfilets auf ein Backpapier setzen, etwas Sahne darübergießen, salzen und pfeffern. Die Filets gut in Backpapier einwickeln, auf ein Backblech setzen und acht Minuten im Ofen garen.

5. Zu den Seezungeröllchen passt Basmatireis.

 fisch

FORELLENFILETS
MIT KRESSESAUCE

4 **Lachsforellenfilets**

1 Bund **Brunnenkresse**

4 EL **Sahne**

1 TL **Knoblauchpulver**
(ersatzweise 1 TL Knoblauch,
frisch gehackt)

Salz und **Pfeffer**

Olivenöl

80 g **halbgetrocknete
Kirschtomaten***

2 **Schalotten**

4 Zweige **Rosmarin**

frischer Kerbel, Gartenkresse
und **Mandelblättchen,** nach
Geschmack

Backpapier

1. Den Backofen auf 180 °C vorheizen.

2. Brunnenkresse putzen, waschen und trocken tupfen. Die dicken Stiele entfernen. Brunnenkresse in leicht gesalzenem Wasser drei bis vier Minuten kochen, anschließend abtropfen lassen. Mit Sahne, Knoblauchpulver, Salz und Pfeffer mischen und pürieren.

3. Für die Päckchen acht Rechtecke aus Backpapier zurechtschneiden und je zwei übereinanderlegen. Das jeweils obere Papier mit Öl bepinseln.

4. Forellenfilets waschen und trocken tupfen. Schalotten schälen und in Ringe schneiden. Auf jedes Backpapier erst 1 EL Kressesauce geben und dann ein Filet darauflegen. Die halbgetrockneten Tomaten und Schalottenringe darüber verteilen, mit einem Faden Olivenöl beträufeln, salzen und pfeffern.

5. Jeweils einen Rosmarinzweig darauflegen und die Päckchen fest verschließen. Je nach Größe der Filets ca. 15–20 Minuten im Ofen garen.

6. Mit Kerbel und Kresse sowie Mandelblättchen garnieren.

....

* Halbgetrocknete Tomaten selbst herstellen: 500 g Kirschtomaten waschen, putzen, halbieren und auf einem Backblech verteilen. 1 Prise Zucker, 1 TL Fleur de Sel sowie 1 TL getrockneten Thymian mischen und über die Tomaten geben. Alles mit 4 EL Olivenöl beträufeln. Im 100 °C heißen Ofen ca. ein bis zwei Stunden trocknen lassen.

 fisch

SEETEUFELROULADE
MIT SCHELLFISCHFÜLLUNG

1 **Seeteufelschwanz** (ca. 700 g, gehäutet und entgrätet)

400 g **geräuchertes Schellfischfilet**

Olivenöl

4 Zweige **Thymian**

3 **Lorbeerblätter**

100 ml **Weißwein**

Salz

Pfeffermischung 5 Baies
(siehe Seite 30)

Backpapier

1. Den Backofen auf 210 °C vorheizen.

2. Seeteufelschwanz waschen, trocken tupfen und längs halbieren, um zwei Filetstücke zu erhalten.

3. Das Schellfischfilet auf eines der Schwanzstücke legen und mit dem anderen umgedreht bedecken. Den Seeteufelschwanz über die gesamte Länge mit Küchengarn umwickeln und verknoten. (Sie können auch Ihren Fischhändler bitten, dies für Sie zu tun.)

4. Aus Backpapier zwei Rechtecke à 40 × 30 cm ausschneiden und mit Olivenöl bepinseln. Die Fischroulade darauflegen und mit einem Faden Olivenöl beträufeln. Thymianzweige und Lorbeer darauflegen und den Weißwein zugießen. Mit Salz und frisch gemahlener Pfeffermischung würzen. Das Backpapier fest um die Roulade wickeln und das Päckchen ca. 20–25 Minuten im Ofen garen.

 fleisch

PUTENBRUST-KÜRBIS-PÄCKCHEN
MIT CHEDDAR

4 dünne **Putenbrustfilets**

Fleur de Sel und **Pfeffer**

2 TL **Paprikapulver**

ca. 200 g **Butternuss-, Hokkaido-Kürbis** oder **Potimarron**

4 Scheiben **Cheddar**

1 EL **Olivenöl**

Pfeffermischung 5 Baies*

Backpapier

1. Den Backofen auf 210 °C vorheizen.

2. Putenbrustfilets salzen, pfeffern und mit Paprikapulver bestreuen. Den Kürbis waschen, putzen und in 5 mm dicke Scheiben schneiden.

3. Die Filets jeweils nur zur Hälfte mit Kürbisscheiben und mit einer Käsescheibe belegen. Filets zusammenrollen. Jede Rolle einmal durchschneiden.

4. Aus Backpapier acht Quadrate à 10 cm Seitenlänge ausschneiden und mit Olivenöl bepinseln. Jede Putenrolle sorgfältig in ein Backpapier wickeln und die Enden mit Küchengarn wie bei einem Bonbon zubinden. Die Filets acht bis zehn Minuten im Ofen garen.

....

* Die Pfeffermischung 5 Baies besteht aus schwarzen und weißen Pfefferkörnern, getrockneten grünen und rosa Pfefferbeeren sowie aus Piment – manchmal alternativ auch aus Koriandersamen. Die Körner werden je nach Zubereitungsart angedrückt, im Mörser zerstoßen oder mithilfe einer Pfeffermühle frisch gemahlen.

 fleisch

SCHNELLES KALBSFRIKASSEE

500 g **Kalbsnuss** oder **Kalbsfilet**

1 **Schalotte,** 20 g **Butter**

1 TL **pastöser Kalbsfond**

150 ml **trockener Weißwein**

½ TL **Maisstärke**

3 EL **Crème fraîche**

Muskatnuss, frisch gerieben

2 EL **Rosinen**

Fleur de Sel (z. B. Sel de Guérande)

Pfeffer, frisch gemahlen

150 g **Champignons**

Olivenöl

frisch gehackte Kräuter, nach Geschmack

Backpapier

1. Den Backofen auf 180 °C vorheizen.

2. Das Kalbfleisch würfeln oder in feine Streifen schneiden. Schalotte schälen, fein hacken und in der erhitzten Butter glasig anschwitzen. Kalbsfond untermischen und mit Wein ablöschen. Maisstärke mit ca. 1 EL kaltem Wasser mischen und einrühren. Sauce etwas eindicken lassen, Crème fraîche, zwei Prisen Muskatnuss und die Rosinen zugeben. Salzen, pfeffern und weitere zwei Minuten köcheln lassen.

3. Die Champignons putzen und klein hacken.

4. Für die Päckchen acht Rechtecke aus Backpapier zuschneiden und je zwei übereinanderlegen. Jeweils die obere Seite mit Olivenöl bepinseln. Pilze und Fleisch auf die Päckchen verteilen, die Sauce darübergießen. Die Päckchen sorgfältig verschließen und auf ein Backblech gelegt 12–15 Minuten im Ofen garen.

5. Nach Geschmack mit frischen Kräutern bestreut servieren.

 fleisch

PUTENBRUSTROULADEN
MIT SALBEI

4 **dünne Putenbrustfilets**

1 Kugel **Mozzarella** (ca. 125 g)

Fleur de Sel

Pfeffermischung 5 Baies
(siehe Seite 30)

4 dünne Scheiben **Pancetta***

4 **Salbeiblätter**

4 EL **Olivenöl**

4 EL **Marsala** (ital. Dessertwein)

4 **Holzstäbchen/Zahnstocher**

Backpapier

1. Den Backofen auf 210 °C vorheizen.

2. Das Fleisch etwas flach klopfen. Mozzarella in vier Scheiben schneiden.

3. Filets großzügig mit Salz und Pfeffer würzen. Jeweils erst eine Scheibe Pancetta und dann eine Scheibe Mozzarella darauflegen. Fleisch zu Rouladen aufrollen, mit Holzstäbchen fixieren und mit je einem Salbeiblatt belegen.

4. Für die Päckchen aus Backpapier acht Rechtecke ausschneiden. Jeweils zwei übereinanderlegen und die oberen Blätter mit Olivenöl bepinseln. Rouladen daraufsetzen, mit je 1 EL Marsala beträufeln, salzen und pfeffern. Putenbrustrouladen fest in das Backpapier einwickeln und die Päckchen gut verschließen, ca. zwölf Minuten im Ofen garen.

....

* Pancetta ist ein besonders milder, magerer Bauchspeck aus Italien, der luftgetrocknet ist und manchmal leicht geräuchert wird. Je nach Region wird er noch mit Kräutern und Gewürzen veredelt.

 fleisch

👨‍🍳 FÜR 4 PERSONEN 🍲 ZUBEREITUNGSZEIT 15 MINUTEN 🕐 GARZEIT 12–15 MINUTEN

KANINCHEN
IN ENGLISCHER SENFSAUCE

100 g **Champignons**

600 g **Kaninchenrückenfilet**

2 EL **englischer Senf, Honigsenf** oder **grober Senf**

2 EL **Crème fraîche**

Fleur de Sel

Pfeffermischung 5 Baies (siehe Seite 30)

Muskatnuss, frisch gerieben

Olivenöl

4 dünne Scheiben **Gruyère**

Schnittlauchröllchen, nach Geschmack

Backpapier

1. Den Backofen auf 180 °C vorheizen.

2. Die Champignons putzen und klein schneiden. Das Kaninchenfleisch in Filets à 150 g schneiden und mit Senf, Crème fraîche, etwas Salz, Pfeffer und zwei Prisen Muskatnuss mischen. Die Pilze dazugeben.

3. Für die Päckchen acht Rechtecke aus Backpapier zuschneiden und je zwei übereinanderlegen. Das jeweils obere Blatt mit Olivenöl bepinseln. Die Filetstücke mit der Pilzsauce auf dem Backpapier verteilen, salzen und pfeffern. Je eine Scheibe Käse darauflegen. Die Päckchen sorgfältig verschließen und ca. 15 Minuten im Backofen garen.

4. Mit Schnittlauchröllchen bestreut servieren.

 fleisch

HUHN IN KOKOSSAUCE

1 **Zwiebel**

1 **Knoblauchzehe**

1 EL **Olivenöl**

1 TL **Zitronengras,** klein gehackt

250 ml **ungesüßte Kokosmilch**

1 EL **Ingwerpulver**

Saft von ½ **Limette**

1 TL **vietnamesische Fischsauce** (Nuoc Mam)

Fleur de Sel

Pfeffer, frisch gemahlen

3 **Hähnchenbrustfilets**

5 Stiele **Thai-Basilikum**

Limettenspalten

Backpapier

1. Den Backofen auf 210 °C vorheizen.

2. Zwiebel und Knoblauch schälen und fein hacken. Zwiebel in etwas Olivenöl glasig anschwitzen. Knoblauch sowie Zitronengras zugeben und weitere zwei Minuten garen. Kokosmilch, Ingwerpulver, Limettensaft und Fischsauce zugeben und drei Minuten köcheln lassen. Mit Salz und Pfeffer würzen.

3. Das Fleisch waschen, trocken tupfen und würfeln oder in feine Streifen schneiden. Die Sauce auf ein großes quadratisches Stück Backpapier geben. Die Fleischwürfel daraufgeben und mit Kokossauce begießen. Das Päckchen sorgfältig verschließen und 10–15 Minuten im Ofen garen.

4. Mit Thai-Basilikumblättchen und Limettenspalten servieren.

 fleisch

HUHN
MIT BASILIKUM-RICOTTA-FÜLLUNG

5 Stiele **Basilikum**

150 g **Ricotta**

30 g **Pinienkerne**

Fleur de Sel

Pfeffer, frisch gemahlen

4 **Landhähnchenbrustfilets**
(600 g)

12 **halbgetrocknete Tomate**n
(siehe Seite 26)

2 TL **Olivenöl**

je 1 Stiel **frischer Koriander** und
Basilikum

etwas **Gartenkresse**

Backpapier

1. Den Backofen auf 210 °C vorheizen.

2. Basilikumblätter fein hacken. Mit Ricotta, Pinienkernen, Salz und Pfeffer mischen.

3. Fleisch waschen und trocken tupfen. Jedes Filet auf einer Seite mehrfach diagonal einschneiden, damit kleine Taschen entstehen. Filettaschen mit der Ricottamasse füllen und drei Tomaten in jedes Filet stecken. Die Filets mit Küchengarn wie einen kleinen Braten zusammenbinden.

4. Für die Päckchen aus Backpapier acht Rechtecke zuschneiden und je zwei übereinanderlegen. Das jeweils obere Papier mit Öl bepinseln. Jedes Hähnchenfilet sorgfältig in Backpapier einwickeln und die Päckchen ca. 20 Minuten im Ofen backen.

5. Gegarte Filets mit Koriander- und Basilikumblättchen sowie mit Kresse bestreut servieren.

 fleisch

FÜR 4 PERSONEN   ZUBEREITUNGSZEIT 10 MINUTEN
MARINIERZEIT 15 MINUTEN   GARZEIT 15 MINUTEN

HÄHNCHENSTREIFEN
IN ZITRONEN-HONIG-MARINADE

1 **unbehandelte Bio-Zitrone**

2 EL **flüssiger Honig**

Salz und **Pfeffer**

mildes Chilipulver

400 g **Hähnchenbrustfilet**

Olivenöl

2 Stiele **frischer Koriander**

2 El **süße Chilisauce**

Backpapier

1. Den Backofen auf 220 °C vorheizen.

2. Zitrone heiß waschen und abtrocknen. Die Schale fein abreiben und den Saft auspressen. Zitronensaft und Honig in einer Schüssel mischen, kräftig mit Salz, Pfeffer und ein bis zwei Prisen Chilipulver würzen. Hähnchenbrustfilet in ca. zwölf gleich große Streifen schneiden und in der Zitronen-Honig-Marinade 15 Minuten im Kühlschrank ziehen lassen.

3. Für die Päckchen acht Rechtecke aus Backpapier zuschneiden und je zwei übereinanderlegen. Das jeweils obere Papier mit Öl bepinseln. Drei Fleischstreifen auf jedes Papier legen, mit etwas Marinade beträufeln und Zitronenschale darüberstreuen. Hähnchenstreifen sorgfältig in das Backpapier einwickeln und 15 Minuten im Ofen garen.

4. Gegartes Fleisch mit Korianderblättchen garnieren und süße Chilisauce dazu reichen.

LAMMCURRY

600 g **Lammkeule** oder **Lammfilet**

4 Stiele **frischer Koriander**

4 Stiele **Minze**

2 EL **Currypaste** oder **Currypulver**

250 ml **ungesüßte Kokosmilch**

4 EL **Olivenöl**

1 TL **Knoblauchpulver** (ersatzweise 1 TL Knoblauch, frisch gehackt)

1 TL **Ingwerpulver**

Salz und **Pfeffer**

3 TL **Sesamsaat**

Backpapier

1. Den Backofen auf 180 °C vorheizen.

2. Das Lammfleisch in 2 cm große Würfel oder in Streifen schneiden. Blättchen von den Kräutern zupfen und fein hacken. Mit Currypaste, Kokosmilch, 4 EL Olivenöl, Knoblauch- und Ingwerpulver in einer Schüssel mischen. Fleischwürfel zugeben und vermengen, bis das Fleisch vollständig von der Currymischung überzogen ist.

3. Aus Backpapier vier Rechtecke à 30 × 20 cm zuschneiden. Lammfleisch mit Sauce darauf verteilen und mit Salz und Pfeffer würzen. Das Papier zigarrenförmig aufrollen und die Enden nach innen einschlagen. Die Päckchen auf einem Backblech acht bis zehn Minuten im Ofen garen.

4. Sesam in einer Pfanne ohne Fett rösten und vor dem Servieren über das Curry streuen.

5. Dazu passt thailändischer Duftreis. Oder das Lammcurry als Snack mit Holzstäbchen servieren.

 fleisch

SCHNELLE ENTE À L'ORANGE

1 **unbehandelte Bio-Orange**

600 g **Entenbrustfilet**

1 EL **brauner Zucker**

4 EL **flüssiger Honig**

2 EL **Olivenöl**

Salz und **Pfeffer**

Paprikapulver

Olivenöl zum Bepinseln

4 Zweige **Rosmarin**

Backpapier

1. Den Backofen auf 210 °C vorheizen.

2. Orange heiß waschen und abtrocknen. Die Schale fein abreiben und den Saft auspressen. Entenbrustfilet waschen, trocken tupfen, in Streifen schneiden und diese anschließend halbieren. In einer Schüssel Orangensaft, Zucker, Honig, 2 EL Olivenöl, etwas Salz, Pfeffer und ein bis zwei Prisen Paprikapulver mischen. Entenstreifen in die Marinade geben und 15 Minuten im Kühlschrank ziehen lassen.

3. Für die Päckchen acht Rechtecke aus Backpapier zuschneiden und je zwei übereinanderlegen. Das jeweils obere Blatt mit Olivenöl bepinseln. Filet-streifen auf dem Backpapier verteilen, etwas Marinade darüberträufeln und erneut salzen und pfeffern. Die Päckchen sorgfältig zubinden und ca. zehn Minuten im Ofen garen. Mit gehackten Rosmarinnadeln und Orangen-schale bestreut servieren.

 fleisch

FÜR 4 PERSONEN ◦ ZUBEREITUNGSZEIT 5 MINUTEN
KÜHLZEIT 12 ½ STUNDEN ◦ GARZEIT 10–15 MINUTEN

GEDÄMPFTE FOIE GRAS

1 **rohe Stopfleber*** (Ente oder Gans)

3 EL **Portwein, Madeira** oder **Cognac**

Fleur de Sel

Pfeffermischung 5 Baies**

Backpapier

1 **Bambus-Dämpfer** oder **Dämpfeinsatz für den Kochtopf**

1. Mit einem spitzen Messer die kleinen Äderchen von der Leber lösen und entfernen. Ein 40 cm langes Stück Frischhaltefolie abschneiden und die Leber darauflegen.

2. Die Leber mit dem Alkohol beträufeln. Nach Geschmack mit Salz und grob gemahlenem Pfeffer bestreuen. Die Leber fest in die Frischhaltefolie wickeln und im Kühlschrank mindestens 30 Minuten ziehen lassen.

3. Die Leber aus dem Kühlschrank nehmen und fest in Backpapier wickeln.

4. 10–15 Minuten im Bambus-Dämpfer oder in einem Dämpfeinsatz im Kochtopf mit wenig Flüssigkeit dämpfen. Anschließend abkühlen lassen und für mindestens zwölf Stunden in den Kühlschrank stellen.

5. Dazu passt Brioche oder geröstetes Weißbrot.

....

*Foie gras, die Stopfleber von Gans oder Ente, ist in Frankreich Klassiker und Delikatesse zugleich. Bei uns ist die Produktion von Stopfleber verboten. Sie darf aber z. B. aus französischer Produktion hierzulande verkauft werden. Wer Stopfleber kaufen möchte, sollte grundsätzlich darauf achten, dass die Tiere nach traditionellen Methoden und schonend gefüttert werden, d.h. per Hand und individuell nach ihrem Aufnahmevermögen (z. B. von Erzeugern, die Mitglied bei Slow Food sind). Wer sich ganz der Linie von Tierschützern und vielen Gourmets anschließen möchte, kauft Tiere, die mit Feigen und Getreide gefüttert, aber nicht gestopft sind.

** Poivre-5-Baies-Variante: Diese Pfeffermischung (vgl. S. 30) besteht hier aus schwarzen und weißen Pfefferkörnern, getrockneten grünen und rosa Pfefferbeeren sowie aus Kardamom.

 fleisch

GEFÜLLTE TOMATENPÄCKCHEN

4 **große runde Tomaten**

Salz

1 **Knoblauchzehe**

4 Stiele **Basilikum**

4 Stiele **glatte Petersilie** oder
Kerbel

200 g **Bratwürste mit Kräutern**

200 g **Schweinehackfleisch**

1 TL **Paprikapulver**

Pfeffermischung 5 Baies
(siehe Seite 30)

50 g **Parmesan,** gerieben

2 EL **Olivenöl**

Backpapier

1. Den Backofen auf 180 °C vorheizen.

2. Tomaten waschen, putzen und einen Deckel abschneiden. Tomaten aushöhlen, innen salzen und kopfüber auf einen Rost oder auf Küchenpapier stellen, damit sie Wasser ziehen können.

3. Knoblauch schälen, hacken. Kräuterblätter ebenfalls fein hacken. Bratwurstmasse aus der Pelle drücken. Mit Knoblauch, Kräutern, Hackfleisch, Paprikapulver, Salz und Pfeffer mischen. Die Tomaten damit füllen und mit Parmesan bestreuen.

4. Aus Backpapier vier Quadrate zuschneiden, mit Olivenöl bepinseln und je eine Tomate daraufsetzen. Papier raffen und mit Küchengarn zubinden. Die Tomatenpäckchen 35 Minuten im Ofen garen.

 gemüse & co.

CREMIGE EIER EN PAPILLOTE

4 **Eier**

4 EL **Crème fraîche**

Fleur de Sel (z. B. Sel de Guérande)

Pfeffer, frisch gemahlen

20 g **Frühstücksspeck in dünnen Scheiben** oder **geräucherter Schinken, Lachs** oder **Schellfisch**

Parmesan, gerieben

2 **Schnittlauchhalme,** in feinen Röllchen

Backpapier

1. Den Backofen auf 210 °C vorheizen.

2. Aus Backpapier mithilfe eines umgedrehten Tellers vier Kreise (Rondellen) mit einem Durchmesser von 25–30 cm ausschneiden.

3. Den Rondellenrand hochbiegen und in Falten legen. Je ein Ei hineinschlagen, 1 EL Crème fraîche daraufgeben, mit Salz und Pfeffer bestreuen. Entweder Frühstücksspeck, Räucherschinken oder Fisch darauf verteilen und mit Parmesan und Schnittlauchröllchen bestreuen. Vorsichtig das Papier über dem Ei mit Küchengarn zusammenbinden. Die Päckchen auf ein Backblech setzen und zwölf Minuten im Ofen garen.

4. Die Päckchen auf Untertassen servieren. Dazu passt geröstetes, mit Butter bestrichenes Weißbrot.

gemüse & co.

FÜR 4 PERSONEN ZUBEREITUNGSZEIT 15 MINUTEN
MARINIERZEIT 15 MINUTEN GARZEIT 15–20 MINUTEN

AUBERGINEN-TOMATEN-TÜRMCHEN
MIT SCAMORZA

1 **Aubergine**

Fleur de Sel (z. B. Sel de Guérande)

4 Stiele **Basilikum**

2 EL **Olivenöl**

mildes **Chilipulver**

Kreuzkümmel/Cumin

Pfeffer, frisch gemahlen

2 **große dicke Tomaten,** Strunk entfernt

1 **geräucherter Scamorza*** (italienischer Käse)

Olivenöl zum Beträufeln

Backpapier

1. Den Backofen auf 210 °C vorheizen.

2. Aubergine in 5 mm dicke Scheiben schneiden, salzen und in einem Sieb Wasser ziehen lassen.

3. Basilikumblätter fein hacken, einige Blättchen beiseitelegen. Mit 2 EL Olivenöl und je einer Prise Chilipulver, Kreuzkümmel, Salz und Pfeffer in einem tiefen Teller mischen. Die Auberginenscheiben darin wenden und im Kühlschrank mindestens 15 Minuten marinieren lassen.

4. Inzwischen Tomaten und Scamorza ebenfalls in 5 mm dicke Scheiben schneiden. Aus Backpapier vier Rechtecke à 20 × 15 cm ausschneiden.

5. Auf jedes Papier abwechselnd Auberginen-, Tomaten- und Scamorzascheiben übereinanderlegen. Zwischen die einzelnen Schichten etwas Olivenöl träufeln. Den Vorgang wiederholen, bis die Zutaten verbraucht sind. Mit einer Auberginenscheibe abschließen. Das Papier über dem Gemüse zusammenkniffen. Die Päckchen auf ein Backblech oder in eine Auflaufform setzen und 15–20 Minuten im Ofen garen.

6. Mit den beiseitegelegten Basilikumblättchen garnieren.

*Scamorza ist ein halbfester italienischer Frischkäse, der durch seine typische Birnenform auffällt. Wie Mozzarella gehört er zum Käsetyp Filata: Bei diesem speziellen Verfahren wird der Käse überbrüht, kühlt in Salzlake aus und bildet eine glatte dünne Haut. Es gibt ihn sowohl in natur als auch in geräucherten Varianten.

👨‍🍳 FÜR 4 PERSONEN 🍴 ZUBEREITUNGSZEIT 20 MINUTEN ⏱ GARZEIT 10–15 MINUTEN

GRÜNE GEMÜSEPÄCKCHEN

1 **Brokkoli**

8–12 Stangen **grüner Spargel**

200 g **Zuckerschoten**

150 g **Erbsen**

Olivenöl

5 Stiele **frischer Koriander**

5 Stiele **Minze,** Blättchen klein gehackt

Salz

Pfeffermischung 5 Baies (siehe Seite 30)

Backpapier

1. Den Backofen auf 180 °C vorheizen.

2. Röschen vom Brokkoli abschneiden, den Rest z. B. für eine Suppe aufheben. Die holzigen Enden vom Spargel abschneiden. Den Spargel im unteren Drittel schälen und die Stangen in ca. 2–3 cm lange Stücke schneiden. Zuckerschoten nach Belieben halbieren. Alles mit den Erbsen mischen.

3. Aus Backpapier vier Quadrate à 20 cm Seitenlänge ausschneiden und mit Öl bepinseln. Das Gemüse darauf verteilen. Abgezupfte Korianderblättchen und Minze darüberstreuen, mit Salz und Pfeffer würzen. Das Papier über dem Gemüse mit Küchengarn zusammenbinden und 10–15 Minuten im Ofen garen.

 gemüse & co.

GARNELEN AUF GRÜNEM SPARGEL

12 **geschälte, gegarte Garnelen**

Olivenöl

1 EL **Sojasauce**

Piment d'Espelette
(siehe Seite 16)

Fleur de Sel

12 Stangen **grüner Spargel**

1 dünne Stange **Porree / Lauch**
oder 2 **kleine weiße Zwiebeln**

4 EL **trockener Weißwein**

Pfeffer, frisch gemahlen

1 TL **Knoblauchpulver**
(ersatzweise 1 TL Knoblauch,
frisch gehackt)

2 **Schnittlauchhalme**, in feinen
Röllchen

Backpapier

1. Den Backofen auf 210 °C vorheizen.

2. Garnelen in etwas Olivenöl, Sojasauce und einer Prise Piment d'Espelette marinieren.

3. Holzige Enden des Spargels abschneiden. In einem Topf 500 ml Wasser zum Kochen bringen, etwas Salz hineingeben. Den Spargel darin vier Minuten garen, abgießen, abtropfen lassen und beiseitestellen.

4. Porree putzen, waschen und in dünne Ringe schneiden. Aus Backpapier vier Rechtecke à 20 × 15 cm ausschneiden und mit Olivenöl bepinseln. Porree und halbierte Spargelstangen darauf verteilen und drei Garnelen in jedes Päckchen legen. Mit je 1 EL Weißwein beträufeln, salzen, pfeffern sowie mit Knoblauch und Schnittlauchröllchen bestreuen. Das Papier zu kleinen rechteckigen Päckchen zusammenfalten und acht Minuten im Ofen garen.

 gemüse & co.

 FÜR 4 PERSONEN　🍴 ZUBEREITUNGSZEIT 10 MINUTEN　◉ GARZEIT 30 MINUTEN

KARTOFFELPÄCKCHEN
MIT KNOBLAUCHCREME

3 **Knoblauchzehen**

3 Stiele **Kerbel**

200 ml **Crème fraîche**

Salz und **Pfeffer**

500 g **mittelgroße, rotschalige Kartoffeln** (z. B. Roseval oder Laura)

Olivenöl

8 Scheiben **Bündnerfleisch** oder **Bresaola**

rosa Pfefferbeeren, nach Geschmack

Backpapier

1. Den Backofen auf 180 °C vorheizen.

2. Knoblauch schälen. Kerbelblättchen fein hacken. Kräuter mit Crème fraîche und durchgepresstem Knoblauch in einer Schüssel vermischen, kräftig salzen und pfeffern.

3. Die Kartoffeln sorgfältig abbürsten und waschen (je nach Größe etwa zwei bis drei Kartoffeln pro Person). Jede Kartoffel längs einschneiden.

4. Aus Backpapier vier Quadrate à 30 cm Seitenlänge ausschneiden und mit Olivenöl bepinseln. Kartoffeln darauf verteilen. Auf jedes Papier zwei bis drei Kartoffeln geben und mit etwas Knoblauchcreme füllen. Die Kartoffeln fest in das Papier einwickeln und die Päckchen 30 Minuten im Backofen garen.

5. Vor dem Servieren die Päckchen öffnen, nach Belieben mit rosa Pfefferbeeren bestreuen. Mit Bündnerfleisch und der übrigen Knoblauchcreme servieren.

 gemüse & co.

KIRSCHTOMATENCONFIT
MIT BROCCIU UND PISTAZIEN

5 Stiele **Basilikum**

150 g **Kirschtomaten**

150 g **frischer Brocciu***

2 EL **Olivenöl**

Fleur de Sel (z. B. Sel de Guérande)

Pfeffermischung 5 Baies (siehe Seite 30)

Olivenöl zum Bepinseln

4 TL **brauner Zucker**

4 TL **Pistazienkerne**

Backpapier

1. Den Backofen auf 210°C vorheizen.

2. Basilikumblätter klein schneiden. Kirschtomaten waschen und halbieren.

3. Brocciu mit 2 EL Olivenöl und Basilikum in einer Schüssel mischen, mit Salz und Pfeffer abschmecken.

4. Aus Backpapier vier Quadrate à 20 cm Seitenlänge ausschneiden und mit Olivenöl bepinseln. Käsemischung darauf verteilen, die Tomatenhälften darauf anrichten. Je 1 TL Zucker und Pistazien darüberstreuen und nach Belieben mit Basilikum garnieren. Papier über den Tomaten zusammenfalten und zubinden. Päckchen auf ein Backblech oder in eine Auflaufform setzen und zehn Minuten im Ofen garen.

5. Dazu passen Rucolasalat und geröstetes, mit Butter bestrichenes Bauernbrot.

....

* Brocciu ist die korsische Spezialität schlechthin: ein Quarkkäse aus Ziegen- oder Schafsmilch. Er ähnelt dem provenzalischen Frischkäse Brousse – daher auch der ähnliche Name. Brocciu wird mit Salz haltbar gemacht. Es gibt ihn in unterschiedlichen Reifegraden von jung – für dieses Rezept geeignet – bis alt. Eine klassische korsische Mahlzeit ist ohne ihn kaum denkbar.

 gemüse & co.

RONDINI
MIT RICOTTA-KRÄUTER-FÜLLUNG

5 Stiele **frischer Koriander**

5 Stiele **glatte Petersilie**

2 Stiele **Minze**

5 Stiele **Basilikum**

250 g **Ricotta**

1 **Ei**

2 EL **Parmesan,** gerieben

Fleur de Sel (z. B. Sel de Guérande)

Pfeffer, frisch gemahlen

1 EL **Olivenöl**

4 **mittelgroße runde Zucchini** (Rondini, je ca. 100–150 g)

200 ml **passierte Tomaten**

Backpapier

1. Den Backofen auf 210 °C vorheizen.

2. Kräuterblätter hacken. In einer Schüssel mit Ricotta, Ei, Parmesan, Salz und Pfeffer mischen und mit einem Faden Olivenöl beträufeln.

3. Zucchini waschen und einen Deckel abschneiden. Rondini vorsichtig aushöhlen und mit der Ricottamasse füllen.

4. Aus Backpapier vier Rechtecke à 30 x 20 cm ausschneiden und mit Olivenöl bepinseln. Passierte Tomaten auf die Backpapiere verteilen und je eine gefüllte Zucchini daraufsetzen. Papiere über den Zucchini zusammenfalten und mit Küchengarn zubinden. Die Päckchen 20 Minuten im Backofen garen.

 desserts

FRÜCHTE-CRUMBLE-PÄCKCHEN

600 g **gemischte rote Früchte**
(Him-, Brom-, Heidel-,
Johannisbeeren, Kirschen)

10 g **Rohrrohrzucker**

8 **Spekulatius**

4 TL **Crème fraîche**

Backpapier

1. Den Backofen auf 180 °C vorheizen.

2. Die Früchte je nach Sorte verlesen bzw. waschen, entrispen oder entsteinen.

3. Aus Backpapier vier Quadrate à 20 cm Seitenlänge ausschneiden. Rote Früchte auf den Papieren verteilen.

4. Zucker in einer Pfanne karamellisieren lassen. Vorsichtig mit etwas Wasser ablöschen und rühren, bis sich der Karamell gelöst hat. Früchte damit beträufeln. Die Kekse zerbröseln und darüberstreuen. Mit je 1 TL Crème fraîche garnieren. Päckchen gut verschließen und sechs bis acht Minuten im Ofen garen.

 desserts

ÄPFEL-BIRNEN-PÄCKCHEN

2 **rote Äpfel**

2 **reife Birnen**

Saft von ½ **Zitrone**

4 TL **Puderzucker**

50 g **Walnuss-** oder
Pekannusskerne

4 TL **Portwein**

4 TL **Ahornsirup**

4 TL **Mascarpone**

Backpapier

1. Den Backofen auf 180 °C vorheizen.

2. Äpfel und Birnen waschen. Birnen schälen. Obst vierteln, entkernen und in dünne Schnitze schneiden. Mit Zitronensaft beträufeln.

3. Aus Backpapier vier Quadrate à 20 cm Seitenlänge ausschneiden. Apfel- und Birnenschnitze darauf verteilen und mit Puderzucker bestäuben. Nüsse grob hacken und darauf verteilen. Je 1 TL Portwein und Ahornsirup darüberträufeln. Papier sorgfältig über dem Obst zusammenfalten und zubinden. Die Päckchen acht bis zehn Minuten im Backofen garen.

4. Mit Mascarpone servieren.

Anmerkung: Falls Sie eine hitzebeständige Silikonform mit Deckel besitzen, benötigen Sie kein Backpapier, sondern können das Obst mit den anderen Zutaten direkt in die Form geben und im Backofen darin garen (siehe Foto).

 desserts

RUM-SCHOKO-BANANEN

4 **Bananen**

1–2 TL **Muscovado-Zucker**
oder **brauner Rohrohrzucker**
(ersatzweise 1 Pck. Vanillezucker)

4 EL **Rum**

ca. ¼ Tafel **dunkle Schokolade
mit Fleur de Sel** (oder Edel-
bitterschokolade und 1 Prise
Fleur de Sel dazugeben)

Backpapier

1. Den Backofen auf 180 °C vorheizen.

2. Die Bananen schälen und längs halbieren.

3. Aus Backpapier vier Quadrate à 20 cm Seitenlänge ausschneiden. Je zwei Bananenhälften darauflegen. Mit etwas Zucker bestreuen, je 1 EL Rum darüberträufeln und mit ein bis zwei Stückchen Schokolade belegen. Die Bananen gut in das Papier einwickeln und die Päckchen zehn bis zwölf Minuten im Backofen garen.

4. Zu den Bananen passen Butterkekse.

ANHANG

DANKSAGUNG

Danke an Gisèle Gaudissart für ihren freundlichen Empfang bei bulthaup. · Danke an David Japy für seinen Enthusiasmus und dafür, beinahe alle meine Gerichte gekostet zu haben. · Danke an An Schaubroeck für ihre freundliche Unterstützung. Danke an Isabel für ihr Rezept der Goldbrasse mit Orange. · Danke an Marie für ihr Schellfischrezept; eine begnadete Köchin! · Danke an Emmanuel und Rose-Marie für das Vertrauen, das sie mir stets entgegenbringen. · Danke an Françoise und Welcome! · Danke an Anthony für seine Unterstützung als Krisenmanager. · Danke an meine Eltern für ALLES. Kein Dankeschön geht an das merkwürdige Schneidebrett, das irgendwie Beine bekommen hat. Komm gefälligst wieder!

ÜBER DIE AUTORIN

Sandra Mahut ist Foodstylistin und arbeitet regelmäßig mit diversen französischen Kochzeitschriften zusammen. Von ihr sind in Frankreich bereits zahlreiche innovative Kochbücher erschienen, dies ist ihr zweites Buch auf Deutsch.

IMPRESSUM

Die französische Originalausgabe erschien 2010 unter dem Titel „Mes petites Papillotes" bei Hachette Livre – Marabout.
© für die französische Ausgabe: Marabout, Paris 2010 · © für die deutsche Ausgabe: Walter Hädecke Verlag, Weil der Stadt, 2012

Printed in China 2012   5 4 3 2 1 | 2015 2014 2013 2012   ISBN 978-3-7750-0633-0

www.haedecke-verlag.de

Fotos: David Japy · **Übersetzung aus dem Französischen:** Franziska Weyer · **Redaktion der deutschen Ausgabe:** Dr. Stephanie Kloster, Hamburg · **Lektorat der deutschen Ausgabe:** Monika Graff · **Gestaltung der deutschen Ausgabe:** Julia Graff, Design & Produktion, Stuttgart
Gesetzt in der Pluto/HVD Fonts und der ☜ LiebeCook/LiebeFonts

IN DER BUCHREIHE SIND BEREITS ERSCHIENEN:

Cakepops, ISBN 978-3-7750-0597-5 · **Chutneys & Relishes,** ISBN 978-3-7750-0623-1 · **Crème Brûlée,** ISBN 978-3-7750-0592-0 · **Éclairs,** ISBN 978-3-7750-0624-8 · **Eis,** ISBN 978-3-7750-0507-4 · **Espumas,** ISBN 978-3-7750-0634-7 · **Gazpacho!,** ISBN 978-3-7750-0625-5 · **Gemüse-Spaghetti,** ISBN 978-3-7750-0549-4 · **Kebab & Saté,** ISBN 978-3-7750-0591-3 · **Meze,** ISBN 978-3-7750-0480-0 · **Pesto!,** ISBN 978-3-7750-0593-7 · **Risotto vegetarisch,** ISBN 978-3-7750-0627-9 · **Säfte & Smoothies,** ISBN 978-3-7750-0562-3 · **Tacos, Quesadillas & Burritos,** ISBN 978-3-7750-0635-4 · **Tajine,** ISBN 978-3-7750-0522-7 · **Tarte Tatin,** ISBN 978-3-7750-0570-8

Weitere Information über unser Buchprogramm finden Sie auf: **www.haedecke-verlag.de**